Erläuterungen für die Lehrkraft

Der Morgenkreis – ein Ritual zum Ankommen

Rituale sind wichtig. Sie ermöglichen den Schülerinnen und Schülern und der Lehrkraft einen guten und strukturierten Start in den Schultag. Morgenrituale helfen dabei, den Tag entspannter und dabei gleichzeitig produktiver zu gestalten, denn sie sorgen für eine gute Lern- und Arbeitsatmosphäre. Das Ankommen ist ein oft unterschätzter Teil des Lernprozesses. Dabei spielt es keine Rolle, ob Sie als Klassenlehrkraft, Fachkraft oder als Vertretungskraft mit den Kindern den Unterricht beginnen. Die Schülerinnen und Schüler werden schon bald ihren Morgenkreis selbstständig durchführen können und einfordern.

Wie oft, in welchem Umfang und mit welchen Moderationskarten Sie den Morgenkreis durchführen, hängt von verschiedenen Bedingungen und Bedürfnissen der jeweiligen Lerngruppe ab. Die Moderationskarten verstehen sich als Anregung, damit Sie Ihren eigenen Morgenkreis individuell gestalten können.

Ablauf der Moderation – Tipps zur Organisation

Starten und beenden Sie den Morgenkreis mit einem eindeutigen Signal. Das kann ein Lied, eine Klangschale oder auch eine Aufräummusik sein.

Mit einem Sitzkreis, Bänken oder einem Teppich sorgen Sie für ausreichend Platz für jedes Kind – so können auch mögliche Störfaktoren verhindert werden. Entscheiden Sie, ob es eine freie Platzwahl oder einen festgelegten Sitzplan gibt.

Bestimmen Sie dann die Moderatorin oder den Moderator oder lassen Sie das Kind vom Vortag wählen. Jedes Kind sollte die Möglichkeit erhalten, einen Morgenkreis oder einen Abschlusskreis zu moderieren und damit „Kind des Tages" zu sein. Nutzen Sie einfache Klassenlisten zum Ankreuzen oder beschriftete Wäscheklammern an einer Übersichtsliste, um den Überblick zu bewahren.

Das moderierende Kind beginnt seine Moderation und hält dazu eine Karte nach der anderen hoch. Die Vorderseite der Moderationskarte informiert das Plenum über das aktuelle Thema. Die Rückseite enthält konkrete Moderationsvorschläge und eine kleine Abbildung der Vorderseite.

Die konkreten sprachlichen Vorgaben erlauben auch die aktive Teilnahme von lernschwächeren Kindern. Sollte ein Kind noch nicht über die sprachlichen Mittel oder Lesefähigkeiten verfügen, darf es sich ein Helferkind auswählen. Die Rituale sollen das Selbstvertrauen und das Selbstbewusstsein der Kinder stärken und niemanden bloßstellen.

Je nach Zeitfenster und Gruppenstärke hat es sich bewährt, dass die Anzahl der Antworten auf drei Kinder reduziert wird. Für eine schnelle Rückmeldung der ganzen Lerngruppe empfiehlt sich die Daumenprobe. So können alle Kinder aktiv teilnehmen und z. B. auf die Frage „Wie geht es dir?" antworten. Zusätzliche Anregungen für vertiefende Redeanlässe sind mit einem ★ auf den Moderationskarten gekennzeichnet.

Weiterhin können Sie noch festlegen, welche sprachlichen Beiträge von der gesamten Lerngruppe im Chor wiederholt werden sollen. Dazu eignen sich z. B. die Karten zum Thema „Datum" und „Wetter". Das Chorsprechen bietet ebenfalls den Vorteil, dass alle Kinder aktiv mitmachen können.

Die Visualisierung der Karten können Sie flexibel handhaben. Die Praxiserfahrung hat gezeigt, dass verschiedene Lernsettings möglich sind:

Die gestaltete Mitte

Der Stapel mit den Moderationskarten liegt auf einem schönen Tuch auf dem Boden oder auf einem Tisch. Nacheinander wird eine Karte genommen und hochgehalten. Die fertigen Karten werden dann auf einem Ablagestapel gesammelt.

Schnellhefter im A4-Format

Die Moderationskarten werden in einem Schnellhefter mit Klarsichtfolien aufbewahrt, der auf dem Tisch oder auf dem Schoß des moderierenden Kindes liegt. Die Karten werden nacheinander durchgeblättert. Dabei hält das Kind beim Umblättern inne, sodass die anderen Kinder die Vorderseite lesen können.

Die Tisch-Flipchart

Für dieses Setting benötigen Sie einen Satz Kopien aller Karten (Vorder- und Rückseite jeweils auf einer Seite). Die Tisch-Flipchart wird so aufgestellt, dass das Plenum die Vorderseite und das moderierende Kind die Rückseite sehen kann, bevor einfach umgeblättert wird.

Die helfende Hand

Damit das moderierende Kind sich ganz auf das Moderieren konzentrieren kann, wählt es eine „helfende Hand" aus, die die Karten zunächst dem Plenum zeigt und dann der Moderatorin oder dem Moderator zum Lesen gibt.

Zur Vorbereitung des Morgenkreises hat es sich bewährt, dass der Tagesablauf, das Datum und die aktuelle Wetterkarte bereits für die Kinder sichtbar aufgehängt wurden.

An den Morgenkreis können sich prima Übungen zum „Wort/Satz des Tages" oder zur „Zahl des Tages" anschließen.

Feedbackrunde und Abschlusskreis – ein harmonisches Ende

Ankommen und Abschließen des gemeinsamen Tages gehören zu wichtigen Bausteinen in jedem Lernsetting. Im Abschlusskreis wird über Gelungenes und weniger Gelungenes reflektiert und es werden neue Ziele gesteckt. Dabei ist die Selbsteinschätzung für eine individuelle Förderung von großer Bedeutung, da hier die Schülerinnen und Schüler lernen, ihre persönlichen Leistungen, ihren Lernprozess und das Ziel der Lerngruppe zu reflektieren. Dazu gehört auch das Feedback für das moderierende Kind. Neben Applaus und der wohlwollenden „warmen Dusche" sind praktische und wertschätzende Tipps zur Verbesserung der Präsentation sinnvoll und werden von den Kindern gern angenommen.

Zielvereinbarungen – Erweiterung der Sozialkompetenz

Wochenziele betreffen meist die gesamte Lerngruppe und sollten daher täglich reflektiert werden. Beteiligen Sie die Kinder beim Festlegen der gemeinsamen Ziele und hängen Sie die große Zielscheibe symbolisch an der Tafel oder an anderer Stelle gut sichtbar auf.

Die kleinen Zielscheiben sind für einzelne Kinder vorgesehen und können z. B. in der Abschlussreflexion des Vortages vorgemerkt werden, wenn ein Kind bei seiner Selbsteinschätzung Probleme geäußert hat. Dann erhält es von dem moderierenden Kind für den nächsten Tag eine kleine Zielscheibe für seine persönliche Zielvereinbarung. So entsteht ein Kreislauf, der die Fähigkeit zur Selbstreflexion und Selbsteinschätzung fördert, indem Kinder sich individuelle Ziele setzen und reflektieren.

Anregungen für gemeinsame Wochenziele

- Wir halten uns an unsere Gesprächsregeln.
- Wir kommen pünktlich zum Unterricht.
- Wir hängen unsere Jacken ordentlich auf.

Anregungen für persönliche Zielvereinbarungen

- Ich nutze meine Arbeitszeit.
- Ich lasse mich nicht ablenken und störe keine anderen Kinder.
- Ich frage, wenn ich Hilfe brauche.

Willkommen im Morgenkreis

Willkommen im Morgenkreis

„Ich wünsche euch einen guten Morgen!“

Hallo!

„Wir begrüßen uns in
3 verschiedenen Sprachen.

Auf Englisch, auf Spanisch,
auf … begrüßt man sich so …“

Deutsch: „Hallo!“ Englisch: “Hello!”

Spanisch: „¡Hola!“ Chinesisch: „Nǐ hǎo!“

Türkisch: „Merhaba!“

Welcher Tag ist heute?

Heute ist ...

Welcher Tag ist heute?

Heute ist …

„Wer möchte uns das Datum von heute nennen?“

Montag, Dienstag, Mittwoch, Donnerstag, Freitag

Januar, Februar, März, April, Mai, Juni, Juli, August, September, Oktober, November, Dezember

Welcher Tag war gestern?

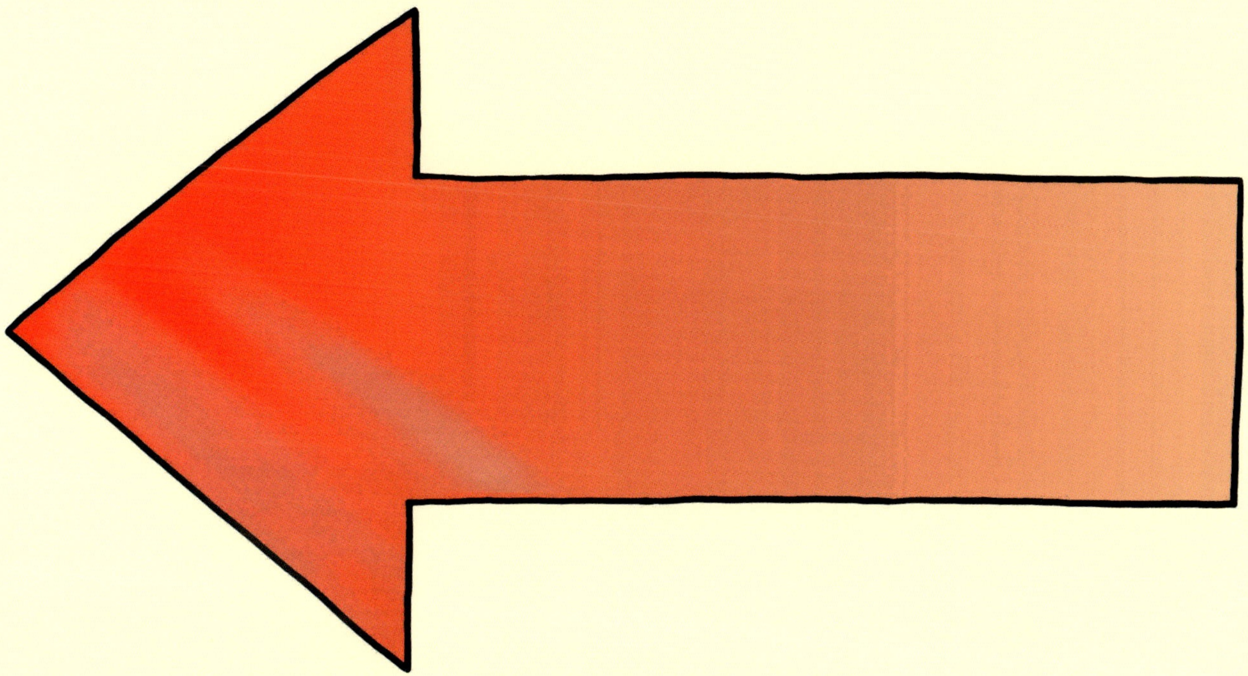

Gestern war ...

Welcher Tag war gestern?

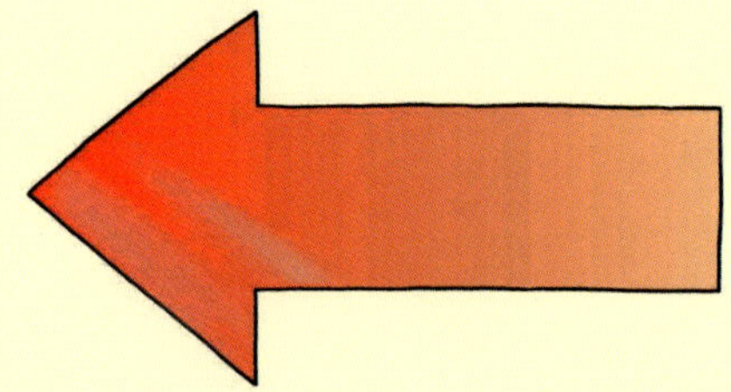

Gestern war ...

„Wer kann uns sagen, welcher Tag gestern war?“

Sonntag,

Montag,

Dienstag,

Mittwoch,

Donnerstag

Welcher Tag ist morgen?

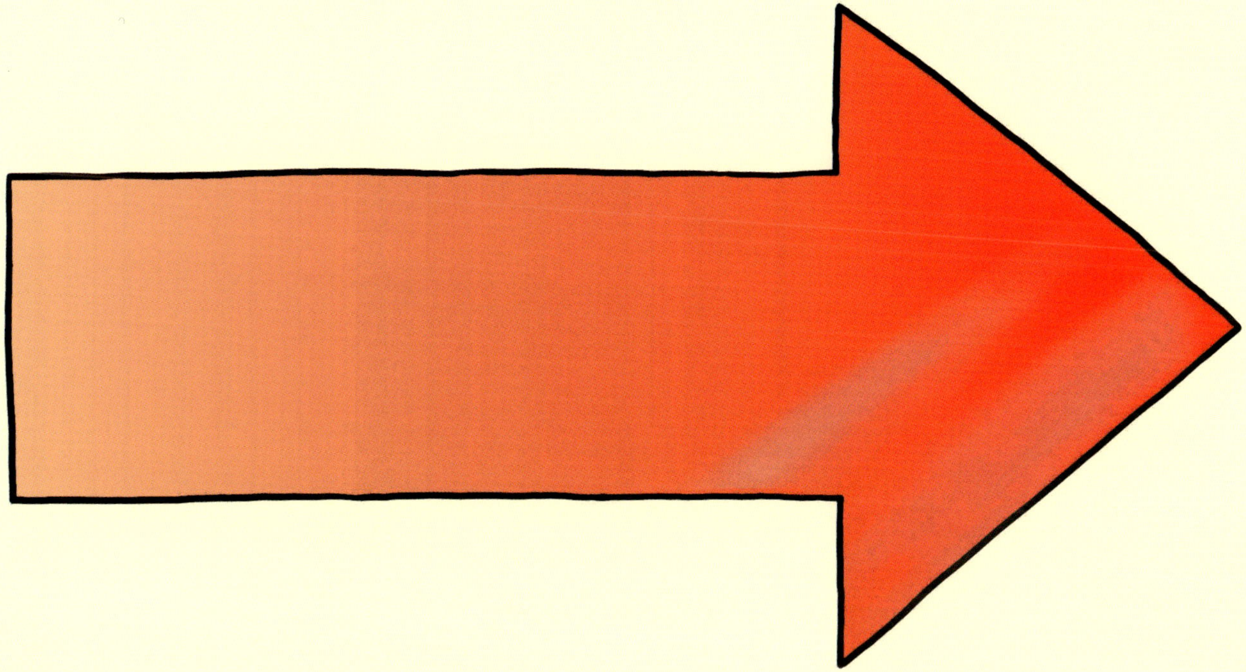

Morgen ist ...

„Wer weiß, welcher Tag morgen ist?“

Dienstag,

Mittwoch,

Donnerstag,

Freitag,

Samstag

Wie ist das Wetter heute?

Es ist ...

Wie ist das Wetter heute?

Es ist ...

„Wer möchte uns sagen, wie das Wetter heute ist?“

Es ist sonnig.

Es ist bewölkt.

Es ist regnerisch.

...

Sind alle da?

Heute sind ... Kinder da.

Sind alle da?

Heute sind ... Kinder da.

**„Wie viele Kinder sind heute da?
Wer kann die Kinder zählen?“**

**„Wer kann die Kinder in einer
anderen Sprache zählen?“**

Wer fehlt heute?

Heute fehlt ...

Wer fehlt heute?

Heute fehlt …

„Wer kann uns sagen, wer heute fehlt?“

Wie geht es dir?

Mir geht es ...

Wie geht es dir?

Mir geht es …

„Wie geht es dir?
Zeige es mit deinem Daumen.“

„Wer möchte etwas Wichtiges erzählen?
… Warum geht es dir so?“

Was haben wir heute vor?

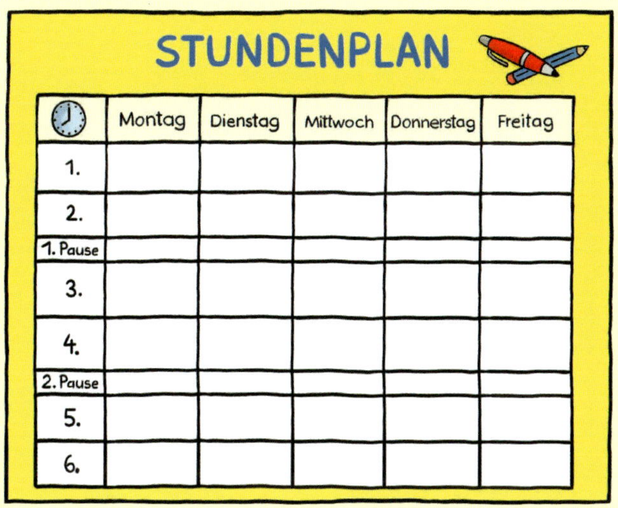

Zuerst haben wir ...

Anschließend ...

Nach der 1. Pause ...

Danach ...

Nach der 2. Pause ...

Zum Abschluss ...

Was haben wir heute vor?

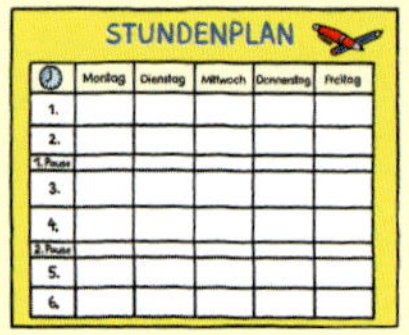

Zuerst haben wir ...
Anschließend ...
Nach der 1. Pause ...
Danach ...
Nach der 2. Pause ...
Zum Abschluss ...

„Was haben wir heute vor? Wer möchte den Tagesplan vorstellen?“

Gibt es heute etwas Besonderes?

Heute ist ...

Heute hat ...

Gibt es heute etwas Besonderes?

Heute ist ...
Heute hat ...

„Gibt es heute etwas Besonderes?“

Geburtstag,

Ausflug,

Theaterstück,

letzter Abgabetag für Elternbriefe ...

Was ist unser gemeinsames Ziel der Woche?

Unser Ziel der Woche heißt: ...

Was ist unser gemeinsames Ziel der Woche?

Unser Ziel der Woche heißt: ...

„Wer kann uns unser gemeinsames Ziel der Woche nennen?“

Was ist dein persönliches Ziel des Tages?

Mein Ziel des Tages heißt: ...

Was ist dein persönliches Ziel des Tages?

Mein Ziel des Tages heißt: ...

„Was nimmst du dir für heute vor?“

Was wünschst du uns für heute?

Ich wünsche uns ...

Was wünschst du uns für heute?

Ich wünsche uns ...

„Was wünschst du uns für heute?“

Wie hat dir meine Moderation gefallen?

Wie hat dir meine Moderation gefallen?

„Wie hat dir meine Moderation gefallen? Zeige es mit deinem Daumen.“

Was hat dir gut gefallen?

Mir hat gut gefallen, dass …

Was hat dir gut gefallen?

Mir hat gut gefallen, dass ...

„Was hat dir gut gefallen?“

Was hat dir nicht so gut gefallen?

Mir hat nicht so gut gefallen, dass ...

Was hat dir nicht so gut gefallen?

Mir hat nicht so gut gefallen, dass …

„Was hat dir nicht so gut gefallen?“

★ „Hast du einen Tipp für mich?“

Danke für eure Aufmerksamkeit!

Danke für eure Aufmerksamkeit!

„Danke für eure Aufmerksamkeit!

Hiermit beende ich meine Moderation und übergebe an …“

Haben wir heute unser gemeinsames Ziel der Woche erreicht?

Haben wir heute unser gemeinsames Ziel der Woche erreicht?

„Haben wir unser gemeinsames
Ziel der Woche erreicht?
Zeige es mit deinem Daumen.“

Hast du dein persönliches Ziel des Tages erreicht?

Hast du dein persönliches Ziel des Tages erreicht?

„Hast du dein persönliches Ziel des Tages erreicht? Zeige es mit deinem Daumen.“

„Wer möchte uns etwas dazu mitteilen?“

Was lief heute gut?

... lief heute gut, weil ...

... war heute gut, weil ...

Was lief heute gut?

... lief heute gut, weil ...

... war heute gut, weil ...

„Was hat heute besonders gut geklappt?
Was war heute besonders schön?“

„Warum? Berichte genau.“
„Wer hat einen besonders guten Tipp oder Trick?“

Was lief heute nicht so gut?

... lief heute nicht so gut, weil ...

... war heute nicht so gut, weil ...

Was lief heute nicht so gut?

... lief heute nicht so gut, weil ...

... war heute nicht so gut, weil ...

„Was hat heute nicht so gut geklappt?
Was war heute nicht so schön?“

„Hast du eine Lösung gefunden?
Wer oder was hat dir geholfen?“

Was können wir besser machen?

Wir können ...

Mein Tipp ist ...

Was können wir besser machen?

Wir können …

Mein Tipp ist …

„Was können wir besser machen? Wer hat einen Tipp?“

Was nehme ich mir für morgen vor?

Mein Ziel für morgen heißt: ...

Was nehme ich mir für morgen vor?

Mein Ziel für morgen heißt: ...

„Welches Kind möchte erzählen, was es sich für morgen vornimmt?“

Wen möchtest du heute besonders loben?

Ich möchte ... loben, weil ...

Wen möchtest du heute besonders loben?

Ich möchte ... loben, weil ...

„Wer hat heute ein besonderes Lob verdient?“

...

„Einen Applaus bitte!“

Wem möchtest du heute besonders danken?

Ich möchte ... danken, weil ...

Wem möchtest du heute besonders danken?

Ich möchte ... danken, weil ...

„Wer hat heute einen besonderen Dank verdient?“

...

„Einen Applaus bitte!“

Tschüss!

„Wir verabschieden uns in 3 verschiedenen Sprachen und Gesten.

Auf Englisch, Spanisch, Japanisch, … sagt man …“

Deutsch: „Tschüss!“ Englisch: “Bye bye!”

Spanisch: „¡Adiós!“ Japanisch: „Sayōnara!“

Türkisch: „Güle güle!”

Auf Wiedersehen!

Auf Wiedersehen!

„Danke für eure Aufmerksamkeit!

Ich wünsche euch noch einen schönen Tag und übergebe an …“